LE CINQUANTENAIRE
DU
Pèlerinage en l'honneur du Sacré-Cœur
INSTITUÉ A HERMAVILLE

par M. l'Abbé ~~Modeste~~ LEFEBVRE, ancien curé de la Paroisse
décédé à Berck-Plage
(1878-1928)

ALLOCUTION

prononcée sur le perron principal du Château
le Dimanche 22 Juillet 1928

PAR

M. le Chanoine Edouard LEGRU

Docteur en Théologie, Licencié ès-lettres
Ancien Aumônier des Sœurs de la charité d'Arras
Aumônier de la Providence et du Bon Pasteur.

ARRAS
Imprimerie de la Nouvelle Société Anonyme du Pas-de-Calais

1928

LE CINQUANTENAIRE

DU

Pèlerinage en l'honneur du Sacré-Cœur

A HERMAVILLE

(1878-1928)

LE CINQUANTENAIRE
DU
Pèlerinage en l'honneur du Sacré-Cœur
INSTITUÉ A HERMAVILLE

par M. l'Abbé Modeste LEFEBVRE, ancien curé de la Paroisse
décédé à Berck-Plage
(1878-1928)

ALLOCUTION

prononcée sur le perron principal du Château
le Dimanche 22 Juillet 1928

PAR

M. le Chanoine Edouard LEGRU

Docteur en Théologie, Licencié ès-letires
Ancien Aumônier des Sœurs de la charité d'Arras
Aumônier de la Providence et du Bon Pasteur.

ARRAS
Imprimerie de la Nouvelle Société Anonyme du Pas-de-Calais

1928

ÉVÊCHÉ D'ARRAS

ARRAS, LE 30 JUILLET 1928.

Cher Monsieur le Chanoine,

J'ai eu le plaisir d'entendre le discours que vous publiez ici. Rarement sermon fut illustré par un cadre plus engageant. Une estrade spacieuse adossée au château de M. André Saint-Léger, recouverte de tapis et surmontée de drapeaux, un auditoire nombreux se pressant devant l'orateur, et dans la belle lumière d'un après-midi ensoleillé, s'étendant au loin une vaste pelouse, des champs verts, ou dorés, et au fond le bois d'Habarcq, voilà le décor qui semblait préparé à souhait pour l'évocation que vous alliez faire des cinquante années d'hommages rendus au Sacré-Cœur en cette paroisse privilégiée d'Hermaville.

Petite histoire, dira-t-on, petits acteurs ! Mais le Sacré-Cœur n'agrandit-il pas toutes choses à sa mesure ? Et d'ailleurs, ce n'étaient pas des figures si banales que celles qui ont défilé dans votre discours. Et puis, qui donc, surtout s'il est évêque, n'est pas heureux d'entendre louer des prêtres même les plus humbles, qui ont travaillé à établir le règne de Jésus-Christ dans la sphère de leur action ?

Mais, comme si vous aviez prévu l'objection, vous avez tenté de rattacher l'expérience de votre paroisse natale à la grande histoire de l'Eglise universelle, pendant la même période, rappelant l'enseignement des Souverains Pontifes sur la dévotion au Sacré-Cœur et les interventions particulières des épiscopats qui ont précédé le nôtre. Vous avez réussi un moment à nous faire dire tout bas :

Rome n'est plus dans Rome, elle est toute où je suis.

Après tout, cela n'est pas si vain qu'on pourrait le croire. Dans la grande armée catholique, la moindre compagnie de combattants, si peu en vue que soit le poste qui lui fut assigné concourt à l'ensemble des opérations et mérite sa part de gloire.

Vous avez fait sortir de l'ombre, pour les associer à la victoire commune, Hermaville et ses curés, Hermaville et son église, Hermaville et ses châtelains, Hermaville et ses excellents paroissiens, Hermaville, enfin, et les prêtres qui en sont les enfants, et parmi eux, celui qui s'est honoré le 22 juillet dernier en honorant sa paroisse natale, et en lui rendant d'un seul coup plus encore qu'il n'en avait reçu.

Bonne et pieuse journée, en somme, pour le diocèse ! Vous y avez votre belle part. Soyez en remercié.

Veuillez agréer, cher Monsieur le Chanoine, l'assurance de mes sentiments bien cordialement dévoués en N.-S.

† EUGÈNE-LOUIS,
évêque d'Arras.

Pascor a vulnere.
Je me nourris de sa blessure.
Ces paroles sont tirées des armes de Mgr LEQUETTE (1)

Monseigneur (2),

Mes Frères,

C'est heureux pour un prêtre, et une garantie de succès pour son ministère, quand, envoyé dans un poste par son évêque, il peut se rendre ce témoignage qu'il s'inspire de ses idées, et alimente le feu sacré de son zèle au même foyer de l'amour divin. Ce bonheur fut celui de M. l'abbé Modeste Lefebvre envoyé à Hermaville par Mgr Lequette en octobre 1872.

Son âme brûlait, elle aussi, d'une vive charité pour le Cœur de Jésus. Il avait pour Marguerite-Marie, béatifiée par Pie IX le 18 septembre 1864, le culte le plus dévoué et le plus sincère. L'église du Vœu national

(1) Voir ces armes ci-contre au *verso* de la couverture.
(2) Monseigneur E. Julien, évêque d'Arras.

l'intéressait au plus haut point, et il comptait sur les bénédictions promises par le Sauveur à sa servante pour réaliser dans sa paroisse trois grandes œuvres : avoir deux belles églises, donner des prêtres au diocèse, y faire connaître et régner le Cœur de Jésus.

Le travail était déjà bien commencé en 1878. Il avait prêché aux alentours en 1875 de nombreux jubilés. Aidé par une âme aussi discrète que généreuse, Mlle Sophie Morel de Tournai, il avait rebâti l'église de son annexe (1) De sa maison, devenue une petite école presbytérale, était sorti un lévite qui prenait la soutane cette année là, et, reçu bachelier de rhétorique, était envoyé par son évêque (c'était un événement à l'époque) à la toute jeune *Alma Mater* de Lille, pour y faire des études supérieures de littérature et de théologie. Ce jeune rhétoricien, poussé par son curé, conseillé par un digne et pieux ami de jeunesse, M. le vicomte François de Salignac Fénelon et l'illustre Père Ramière de Toulouse, sous la sage conduite de celui qui devait être plus tard le cardinal Labouré, et d'un pieux directeur de la grande division, M. l'abbé Hippolyte Briois, avait organisé au Petit Séminaire d'Arras l'Apostolat de la

(1) Voir *Notes et Souvenirs*, page 49.

Prière, avec ses 22 zélateurs, ayant leur quinzaine respective, et avec une moyenne de 80 communions réparatrices tous les dimanches. Un entrefilet du *Messager du Cœur de Jésus* du mois de juin 1878, dont une copie nous a été envoyée par la Direction nationale de l'Œuvre à Toulouse en fait foi.(1)

C'est dans ces circonstances, et au milieu de toutes ces grâces célestes qu'était inauguré le Pèlerinage du Sacré-Cœur à Hermaville. Mgr Lequette, qui, pour récompenser M. Lefebvre, venait consacrer la gracieuse petite église de Tilloy le 29 juillet 1878, et y officiait pontificalement, donnait la veille à Hermaville un salut solennel, et y parlait avec son éloquence habituelle du Cœur de Jésus. Il louait l'admirable manifestation du mois précédent, et confirmait par sa présence et sa parole le bien qui s'était fait, et devait continuer à se faire de longues années encore.

En effet, ce bien se réalisera pendant une première période de 25 ans, sous le Pontificat de Léon XIII, de 1878 à 1903, c'est-à-dire pendant tout le reste du ministère de M. Lefebvre à Hermaville à partir de l'inauguration de la cérémonie. Il se poursuivra depuis la retraite de l'ancien curé d'Herma-

(1) Voir *Notes et Souvenirs*, page 50.

ville à Berck-Plage en 1903 jusqu'à nos jours, sous les Pontificats de Pie X, de Benoît XV et de Pie XI. Les évêques d'Arras s'appelleront Mgr Lequette, Mgr Meignan, Mgr Dennel, Mgr Williez, Mgr Lobbedey, et Mgr Julien ici présent pour la deuxième fois.

Je vous adresse tout de suite, Monseigneur, le merci le plus respectueusement et le plus sincèrement affectueux et reconnaissant de la paroisse et de tous les pèlerins. Cette année, votre Grandeur a sacrifié Lourdes à Hermaville. Que le Cœur de Jésus veuille bien payer lui-même la dette que nous contractons envers Elle !

Je reviendrai, du reste, à vous plusieurs fois dans la suite de cette allocution. Veuillez seulement avoir de la patience avec moi, chargé de résumer tant de souvenirs, et des souvenirs si édifiants et si doux pour celui qui les a tous vécus.

La première manifestation de piété en l'honneur du Sacré-Cœur de Jésus avait donc lieu à Hermaville le 30 juin 1878, dans une église parfaitement ornée pour la circonstance. La statue du Sacré-Cœur, placée sur le maître autel, était là, comme sur un trône de fleurs. La procession se déroulait dans le parc du château, et à travers les rues du village magnifiquement décorées. Le triduum préparatoire avait été préché par M. l'abbé Torchy, curé d'Izel-lez-Hameau, mort doyen de Desvres, et le Père Ponche, Jésuite, qui prononçait l'allocution de la grande journée. Celui-ci devait parler encore les deux années suivantes, et ne contribuait pas peu, avec le zèle brûlant du curé d'Hermaville, à imprimer tout de suite un vigoureux élan au Pèlerinage.

En effet, le Père Ponche, nature ardente, de belle taille, d'une voix forte, saintement audacieux, avait un style à l'emporte-pièce, et il trouvait de ces mots qui saisissaient l'auditoire et restaient gravés dans la mémoire. Il parlait donc le 27 juin 1880, au lieu dit *Jérusalem*, à la veille de la mise à exécution des décrets du 29 mars, et il commentait ces mots de l'Evangile : « Apprenez de moi que je suis doux et humble de cœur (1). »

La manifestation dans son ensemble était splendide, et l'éloquence du prédicateur en proportion avec elle. M. Lefebvre félicitait chaudement le Père Ponche, et en même temps il exaltait les beaux états de services de l'illustre Compagnie de Jésus si mal récompensée par les pouvoirs publics. Des cris de « *Vivent les Jésuites* ! » éclataient aussitôt.

(1) Matt. XI, 29.

On y ajoutait « *amis du Sacré-Cœur* » pour éviter que les acclamations ne parussent séditieuses. Un châtelain des environs y mêlait bien quelque chose de moins timide, mais les gendarmes présents, après quelques mots échangés, ne relevaient point ces paroles dans leur procès-verbal, et le reste de la cérémonie s'achevait à l'église dans une admirable ferveur (1).

Les incidents de 1880 excitaient les pèlerins à accourir en plus grand nombre à Hermaville le 10 juillet 1881. Le Révérend Père Alphonse Tréca de Douai, aussi versé dans la connaissance du droit que dans celle de la théologie prêchait une retraite préparatoire de 12 jours. 320 communions témoignaient de l'efficacité surnaturelle de sa parole. Aussi calme, aussi plein d'aménité que le Père Ponche était lutteur et plein de fougue, il donnait sa grande instruction du dimanche sur notre ancien *jeu de paume*, et il impressionnait vivement son auditoire. Il félicitait les gendarmes d'Aubigny d'être venus s'adjoindre pieusement à la procession, et les engageait à recommencer l'année sui-

(1) Assistaient à cette pieuse manifestation M. l'abbé J.-B. Cochet, originaire d'Hermaville, alors professeur très en vue à l'Institution libre de Marcq-en-Barœul, et M. l'abbé Henri Debout, étudiant à la Faculté de théologie de Lille, aujourd'hui Monseigneur Henri Debout, Protonotaire apostolique.

vante. On ne les revit plus, et le Pèlerinage en l'honneur du Sacré-Cœur était définitivement établi. Mais on comprenait que, pour la liberté de la parole évangélique, en pareil temps, on serait mieux dans une propriété privée. Aussi le sermon du grand jour se donnait-il bientôt régulièrement ici.

L'année suivante, Mgr Lequette mourait, et Mgr Meignan nous arrivait avec, dans ses armes, une colombe tenant en son bec le rameau d'olivier, et cette devise : *Pax in caritate.* M. Lefebvre qui jusque-là s'était plutôt inspiré du mot de saint Matthieu : *je ne suis pas venu apporter la paix mais le glaive* (1), comprit qu'il lui fallait suivre le conseil du Sauveur à saint Pierre au Gethsémani et il remit son épée dans le fourreau. Il accomplissait d'ailleurs cette année là, avec son neveu âgé de 17 ans seulement, hélas ! aujourd'hui le très regretté abbé J. B. Asset (2), et un paroissien de Tilloy, Cyr Petit, le premier et si dur pèlerinage de pénitence en Terre Sainte de 1882, et,

(1) *Matth.*, x, 34.

(2) M. Lefebvre voulait, après mon examen de licence-ès-lettres, me récompenser par un pieux voyage en Terre Sainte. Ma mère me voyant fatigué, s'opposait à mon départ. J.-B. Asset, alors élève de seconde, utilisait mon billet, et, par ses récits, intéressait beaucoup ses condisciples à son retour, et les instruisait en même temps.

dans la *Semaine Religieuse* du diocèse, à la place du compte-rendu ordinaire de la cérémonie du Sacré-Cœur à Hermaville, il nous faisait lire un certain nombre de pages sur sa traversée de la Méditerranée, et sur quelques sites bibliques de la Palestine.

Cependant le 10 juin 1884, de magnifiques prémices, les miennes, oui, celles de votre humble serviteur, mes Frères, les premières qu'on eût vues à Hermaville depuis de longues années, nous amenaient ici le doyen de la Faculté de théologie de Lille, M. le chanoine J. Didiot, qui donnait le discours d'usage, et décrivait avec autant de délicatesse que de piété les diverses phases de la vocation du jeune prêtre à l'instar de la vocation de Notre-Seigneur Jésus-Christ lui-même (1).

(1) Mgr Quilliet devait plus tard remplacer, dans la chaire de théologie dogmatique de la Faculté de Lille, M. le chanoine Jules Didiot. Mais en attendant, quel maître aimé, distingué, inoubliable fut, pour lui comme pour nous, son prédécesseur ! Saint Joseph et Notre-Seigneur exerçaient à Nazareth la même profession que mon père à Hermaville. M., Didiot rappelait à ce propos la parole de l'Evangile : *Nonne hic est filius fabri* ? Et il la commentait par cette citation de saint Justin martyr, dans son dialogue avec Tryphon : « Lorsque Jésus vint au Jourdain, on le pensait fils d un ouvrier qui travaillait le bois, lui-même obscur aussi, comme les Ecritures l'avaient prédit, et considéré comme ouvrier. Il était habitué en effet, pendant qu'il vivait parmi les hommes, à fabriquer des charrues et des jougs, afin, par ces figures, de nous enseigner la justice, et, en réalité, la fuite de l'oisiveté.

Cette bénédiction signalée, tombée sur la paroisse, servait d'annonce et de préparation à la belle cérémonie en l'honneur du Sacré-Cœur de 1884. Les processions revêtaient d'ailleurs plus d'éclat chaque année. En 1887, M. l'abbé Courcol, doyen d'Aubigny, bénissait une seconde statue du Sacré-Cœur, offerte en reconnaissance d'une grâce obtenue, et destinée à être portée dans le cortège.

Deux ans après, un décret de Léon XIII, publié le 28 juin 1889, élevait au rite double de première classe la Fête du Sacré-Cœur. C'était le deuxième centenaire des apparitions à la Bienheureuse Marguerite-Marie. Hermaville comptait deux nouveaux prêtres, mon frère, l'abbé Henri Legru, ordonné le 22 décembre 1888, et le neveu de M. le curé d'Hermaville, l'abbé J. B. Asset, ordonné le 20 avril 1889. En ma qualité d'aîné de sa famille sacerdotale, M. le curé me demandait de venir payer une partie de ma dette de reconnaissance au Cœur de Jésus, et de présider la cérémonie. J'obéissais, et je venais ici, le 7 juillet, avec mon frère prêtre depuis 6 mois et quelques autres confrères du Petit Séminaire d'Arras (1). Sur le perron du château le Révérend

(1) MM. les abbés L. Boudringhin, A. Théry, P. Izambart et H. Warluzel.

Père Humbert, jésuite, exprimait la joie de tous dans son commentaire du texte : « Chantez un cantique au Seigneur parce qu'il a fait pour nous de grandes choses (1). » Il rappelait les apparitions de 312 et de 1689, comparait le Labarum de Constantin et celui de Marguerite-Marie, et donnait les motifs de placer notre confiance dans le Cœur de Jésus.

La solennité du 27 juillet 1890 était très brillante. C'était le deuxième centenaire de la mort de la Bienheureuse Marguerite-Marie. L'église d'Hermaville, d'une architecture louée par les connaisseurs, s'était enrichie d'un pavé en céramique. Ses verrières étaient complétement renouvelées ; ses voûtes bien réparées, son maître autel tout en marbre attiraient l'attention, sans compter que son clocher espagnol bientôt trois fois séculaire, avec sa tour et sa flêche, aux belles proportions, excitait toujours la légitime fierté des habitants. Et quelles actions de grâces ne devons-nous pas rendre au Cœur de Jésus de nous l'avoir conservé le 3 juillet dernier, alors que la foudre tombait sur le chœur

(1) *Is.* XII, 5.

de notre chère église, sans y occasionner de dommages sérieux (1).

Le 26 juillet 1891, Mgr Dennel, cédant au pieux désir du pasteur et de ses paroissiens, voulait bien, malgré les fatigues récentes d'une longue tournée pastorale, venir consacrer la sœur aînée de l'église de Tilloy-lez-Hermaville, le centre du pèlerinage au Sacré-Cœur. Ne portait-il pas lui aussi le Cœur de Jésus dans ses armes avec ces mots : « *in veritate et caritate* (2)? » Il accomplissait donc dans un temps relativement court tous les rites sacrés, répondait avec une entière bonne grâce au compliment et à la reconnaissance de M. le curé, expliquait aux fidèles le sens mystérieux des cérémonies et offrait le saint sacrifice de la messe (3).

(1) Le lundi 28 juin 1886, à 3 heures de l'après-midi, pareil coup de tonnerre éclatait sur l'église de Frévin-Capelle dont j'étais curé intérimaire, y causait de graves dégâts, et jetait par terre la flèche d'un beau clocher espagnol, contemporain sans doute de celui d'Hermaville, et semblable à lui. J'éprouvais un véritable serrement de cœur en constatant le désastre le dimanche suivant et je le déplorais amèrement dans l'église sinistrée elle-même, et dans mes deux autres églises de Capelle-Fermont et d'Agnières.

(2) Mgr Dennel, voulait par sa démarche, récompenser à son tour M. Lefebvre d'avoir donné trois prêtres à l'Eglise. Il lui disait à ce sujet : « *M. le curé, c'est ce que vous avez fait de mieux.* »

(3) Mgr fut bien secondé dans cette circonstance par son secrétaire particulier M. l'abbé D. Herrengt, et par le clergé de la paroisse.

L'après-midi, dans l'église magnifiquement parée comme une épouse au jour de ses noces, entouré de 40 prêtres, il présidait la grande procession annuelle ; et sa Grandeur félicitait M. le curé et ses paroissiens d'avoir tout fait pour lui faire oublier ses fatigues et Elle daignait leur assurer qu'ils avaient réussi.

Le passage de Mgr Dennel à Hermaville attirait de précieuses bénédictions sur le pèlerinage. La cérémonie qui suivit, où 18 paroisses sont représentées et 35 prêtres sont présidés par M. l'abbé Delannoy, doyen d'Avesnes-le-Comte, mérita d'être appelée *une assemblée d'âmes recueillies*. Même remarque à faire pour les autres manifestations jusqu'en 1897. Cependant, M. Lefebvre, au retour de la procession à l'église avait coutume de tirer de son âme des amendes honorables pleines de ferveur. La matière ne manquait jamais, car le nombre de nos fautes publiques allait sans cesse croissant, et le Pape Léon XIII en gémissait lui-même dans sa lettre au Président Grévy du 12 mai 1883 et en d'autres documents Apostoliques (1).

(1) L'un de mes anciens condisciples et amis de l'*Alma Mater* de Lille, M. l'abbé Désiré Delemarre. alors professeur à l'institution Saint Joseph d'Arras, décédé curé du Saint-Sacrement à *Fall River, Etats-Unis*, me confiait le soir, en revenant du pèlerinage du Sacré-Cœur à Hermaville, que l'amende honorable de M. le curé l'avait incontestablement plus édifié que le sermon solennel du prédicateur

Mgr Williez, qui portait dans ses armes un agneau immolé avec ces mots « *caritate vincit* », venait à Hermaville en tournée de confirmation le 4 juin 1897 (1). En réponse à M. Lefebvre qui avait célébré la sublime mission de l'évêque, Sa Grandeur exaltait le Sacré-Cœur, louait son apôtre et l'encourageait dans la culture des vocations religieuses et sacerdotales. Cette année-là, le 25 juillet, on célébrait en même temps que la fête en l'honneur du Sacré-Cœur le 25e anniversaire de l'arrivée de M. le curé dans la paroisse. On lui lisait après le *Magnificat* un compliment certes bien mérité, auquel il répondait avec émotion, et le R. P. Dupuis, rédemptoriste, dans une vibrante allocution, nous commentait ici : « *Vive le Christ qui aime les Francs !* »

L'enthousiasme de 1898 était le prélude d'un entraînement plus vif encore en 1899. Léon XIII, poussé à cela par une fervente fille de saint Jean Eudes, Marie du divin Cœur, demandait, par lettre du 25 mai qu'on fît partout les 9, 10 et 11 juin de cette année des supplications spéciales au Sacré-Cœur, et qu'on récitât le dernier jour la consécra-

(1) Mgr Williez était accompagné de M. le vicaire général Hervin.

tion du genre humain au Sacré-Cœur de Jésus. Cette volonté du Souverain Pontife reçut son exécution solennelle à Hermaville le 23 juillet. Le vénérable M. Queste, archiprêtre de Montreuil, qui présidait le pèlerinage, s'exprimait en ces termes à la fin de la cérémonie à l'église : « J'avais cru en lisant les comptes-rendus annuels de cette manifestation que les récits en étaient flattés. Je m'aperçois qu'il n'en est rien, et qu'ils sont l'expression de l'exacte vérité. Au cours de mon long ministère qui compte plus de 40 années, je ne pense pas avoir assisté à une manifestation plus grandiose, plus entraînante, et en même temps plus recueillie et plus édifiante (1). »

La cérémonie du 29 juillet 1900 est appelée par le chroniqueur diocésain *la fête intime des âmes*. Le sermon fut donné en face du presbytère, car le château était fermé et

(1) L'association de la Jeunesse Catholique de l'arrondissement de Saint-Pol fit à Hermaville en ce jour sa consécration au Sacré-Cœur de Jésus. M. Doal, son président, lut un acte de consécration à l'église, protesta au presbytère du dévouement sans bornes des Jeunes à Monseigneur l'Evêque d'Arras, et remercia M. l'Archiprêtre de Montreuil-sur-Mer de l'avoir aidé pour la formation du groupe de son arrondissement. M. Queste était venu à Hermaville pour faire plaisir à mon frère, son vicaire depuis 10 ans bientôt, à nos parents, à M. Lefebvre, et à moi-même qu'il honorait de son amitié.

en deuil. M. le vicaire général Bonvarlet, supérieur du Grand Séminaire, qui présidait, dit à l'église avec opportunité, force et onction, le mot de la fin.

En cette année du grand jubilé universel, il rappelait aux pèlerins les obligations fondamentales de la vie chrétienne. En même temps, il adressait un souvenir ému aux familles Fénelon, de France, si éprouvées par la toute récente mort tragique du vicomte Alphonse de France, capitaine au 9e cuirassiers (1).

En 1901, M. Lefebvre, qui revenait de son second pèlerinage en Terre Sainte, le pèlerinage des hommes, avait le bonheur d'avoir comme président de sa cérémonie le 28 juillet, M. le vicaire général Liénard, et comme prédicateur le Père Léminus, supérieur des chapelains de Montmartre, qui naguère avait conduit à Lourdes 70.000 hommes, et 35.000 à Paray-le-Monial. L'orateur développait, avec une verve étincelante, ce thème : le règne du Sacré-Cœur par l'amour, et l'oubli

(1) En ce touchant pèlerinage, la Jeunesse Catholique de Ligny-Saint-Flochel se consacra au Sacré-Cœur. M. l'abbé J. Milléquant, professeur au Grand Séminaire, et aumônier de la Jeunesse Catholique d'Arras, et M. de Forceville, maire de Ligny, prirent successivement la parole, avec beaucoup d'à-propos et de succès. On y salua deux nouveaux groupes de Jeunes, celui d'Hermaville et celui de Tilloy.

des outrages. Le curé d'Hermaville tressaillait de joie en l'entendant. Et cela s'explique, c'est la doctrine de l'École, comme nous le rappelle Mgr Chollet dans sa *Psychologie du Christ*, l'amour est de sa nature extatique et tend à sortir de lui-même pour s'unir à l'objet aimé (1). Ce n'est pas cependant cette fois que plaçant sa main sur la statue du Sacré-Cœur ici présente, il s'écriait: « N'est-ce pas, Cœur de Jésus, que nous sommes des amis ? » Notre-Seigneur ne répondait pas, mais d'aucuns se souvenaient de ses paroles : « *Je ne vous appellerai plus désormais serviteurs... mais je vous ai appelés mes amis* (2) ».

Le pèlerinage avait 25 ans en 1902. La paroisse avait donné 3 prêtres encore, M. l'abbé L. Derond, ordonné le 21 mars 1896, M. l'abbé F. Delaby, ordonné le 8 juillet 1900,et M. l'abbé J.-B. Crametz, ordonné le 13 juillet 1902. M. le vicaire général Bonvarlet, supérieur du Grand Séminaire revenait donc le 20 juillet présider notre Fête et exprimer avec nous l'action de grâces au Cœur de Jésus. Et celle-ci eut été incomplète si elle n'avait porté sur les 6 religieuses sorties

(1) *Tome* II, *page* 133.
(2) *Joan*, xv, 15.

d'Hermaville et de Tilloy : Justine Bouret, en religion Sœur Marie-Théophile, franciscaine, décédée à l'Hospice des Incurables, à Royat, dans sa 23e année, en soignant des malades atteints de la fièvre typhoïde, et victime elle-même de l'épidémie; Félicie Hennebique, la nièce de M. Lefebvre, en religion Sœur Benoît-Joseph, décédée au Guislain dans la Manche, le 14 septembre 1904, à l'âge de 45 ans; Marie de Salignac Fénelon, en religion Sœur Marie-Agnès de Jésus, des dames de l'Assomption, décédée à Cannes le 16 décembre 1893, à l'âge de 33 ans (1), Angèle Debret, en religion Sœur Angèle de Mérici; Louise Lesoing, en religion Sœur Marie-Modeste; Marie-Rose Lefebvre, en religion Sœur Thérèse, nièce elle aussi de M. Lefebvre. Ces trois dernières, comme Sœur Benoît-Joseph en était du reste, appartiennent à la Congrégation des Sœurs des Ecoles chrétiennes de la miséricorde de Saint-Sauveur le Vicomte. Et laissez-moi saluer encore la mémoire bénie de 3 de nos religieuses de l'ancienne école libre d'Hermaville, et de la maison de Tilloy, Sœur Marie-Eulalie, Sœur Lucille et Sœur Marie-Florence, qui ont bien mérité du pèlerinage,

(1) Voir *Notes et Souvenirs*, page 52.

avec leur digne et toujours vivante auxiliaire, Mademoiselle Marie Plouvier. Celle-ci, Monseigneur, aussi modeste que courageuse et pieuse, fleurit notre autel du Sacré-Cœur pour la grande cérémonie depuis 50 ans, et elle travaille en tout temps pour l'entretien de notre église (1).

Après la bénédiction du Saint Sacrement, M. le vicaire général invitait les prêtres et les pèlerins à célébrer dans 25 ans le cinquantenaire de ces fêtes édifiantes, et à chanter tous ensemble le triomphe pacifique du Sacré-Cœur à travers le monde : *Oportet illum regnare.* » M. Bonvarlet dort depuis 15 ans de son dernier sommeil. Nous répondons, nous, à son désir et à son appel. Que le Cœur de Jésus en soit remercié et béni !

⁂

Avec l'année 1903 commence la deuxième période de notre cinquantenaire. Après sa grande cérémonie du 19 juillet, très réussie comme les précédentes, M. Lefebvre quittait sa chère paroisse d'Hermaville et de Tilloy. La séparation fut fort douloureuse pour lui. Il avait soulevé toute la contrée et attiré

(1) En cette belle fête du cinquantenaire, Mademoiselle Marie Plouvier recevait de Monseigneur lui-même le Diplôme en témoignage de reconnaissance pour services bénévoles rendus au diocèse pendant 52 années, avec croix en vermeil et barrette en vermeil.

ici au Sacré-Cœur de Jésus des pèlerins des régions d'Arras, de Vitry, de Saint-Pol, de Frévent, d'Avesnes-le-Comte, d'Aubigny-en-Artois. Les dames de la Compassion d'Hauteville,les maîtresses du pensionnat d'Avesnes-le-Comte, son école si chère de Neuvireuil, les religieuses de Marœuil, d'Etrun, de Mont Saint-Eloi lui amenaient chaque année leurs élèves. Un chef d'institution, M. Van Berten, y venait avec ses jeunes gens et leur musique. Le Père Jean-François avec les alumnistes de notre orphelinat Halluin (1) y accourait d'Arras. Le Père Félix, alors un auxiliaire dévoué dans la diffusion de la bonne presse, y venait également. Un ami très cher, de vieille date, le Révérend Père Alphonse Tréca de Douai, dont j'ai parlé, se trouvait au milieu de nous, plusieurs années de suite, avec la fanfare de son patronage et ses gracieux petits tambours. Les confrères du doyenné d'Aubigny et des environs, je mentionne particulièrement M. le curé de Noyelle-Vion, son copèlerin de Terre Sainte en 1882, et M. le curé de Savy-Berlette encore vivants, M. l'abbé E. Flajollet, curé de Mont Saint-Eloi, un ami dévoué, lui restaient fidèles.

(1) J'en suis le directeur, vis-à-vis de l'Académie, depuis 1908.

Et son école libre de filles de Tilloy lui tenait extrêmement à cœur.

Le château d'Hermaville lui-même qui se plaignait de ses absences trop fréquentes, celui qui vous parle, souvent à Hermaville le dimanche, alors que Mgr. Williez eût préféré le savoir plus régulièrement à son poste au Grand Séminaire d'Arras, souffraient cruellement de ce départ. Pourtant M. Lefebvre obéissait, la mort dans l'âme, à la volonté de son évêque, qui le faisait bientôt nommer missionnaire Apostolique, en résidence à Berck-Plage. Et combien il fut vite récompensé de son sacrifice ! En effet, le bien qu'il réalisait, à côté de son neveu, pendant la saison, à la plage de Berck, fut immense. « *Au fond*, me disait-il quelques années plus tard, en son chalet Rosa, *le Sacré-Cœur me voulait ici* ! »

M. l'abbé Hyacinthe Darras était donc nommé curé d'Hermaville. En 1904, M. l'abbé Gouble, alors curé de Bullecourt, aujourd'hui doyen de Dohem, prêchait le triduum préparatoire avec un succès qui n'étonnera personne. M. Lefebvre célébrait la grand'messe le dimanche 24 juillet, et j'y faisais l'historique du pèlerinage. Le soir, M. le chanoine Henri Graux, ancien supérieur du Grand Séminaire, ancien vicaire général d'Arras, d'une grande autorité morale dans le diocèse, laissait son âme déborder d'enthousiasme, félicitait l'auteur de ce magnifique mouvement de piété, encourageait son successeur, et tirait les leçons de cette belle fête.

Le 23 juillet 1905, M. Lefebvre célébrait encore la messe solennelle. Les temps devenaient de plus en plus difficiles pour l'Eglise de France. Aussi, le soir, le prédicateur, un cher condisciple de la Faculté des Lettres de Lille, un ancien collègue du Petit Séminaire d'Arras, le Père Hay, Jésuite, parlait-il ici de honteuses capitulations, de lâchetés sans nom, d'infâmes trahisons qui provoquent la colère de Dieu. Le besoin de réparer et de faire amende honorable allait devenir de plus en plus pressant (1). J'avais l'honneur de présider la cérémonie, et je m'inspirais de saint Jean pour dire le mot de la fin :

(1) Nous avions eu en effet à déplorer le 25 novembre 1904 l'expulsion des Sœurs de Charité d'Arras ; deux ans plus tard, c'étaient les inventaires, et, le 14 décembre 1906, l'expulsion de Mgr Williez de son évêché, et, le même jour, les expulsions du grand et du petit Séminaires. Mais, ce 23 juillet 1905, où l'on cria : « *Vive le Sacré-Cœur* ! *Vive la France* ! » rappelait, à 25 ans de distance, le 27 juin 1880. Deux jésuites y parlaient, avec une même vigueur tout apostolique, digne du diacre saint Etienne.

« *Vous aurez de grandes afflictions dans le monde. Mais ayez confiance, j'ai vaincu le monde* (1) »

M. l'abbé Louis Delohen alors curé d'Agnez-lez-Duisans, aujourd'hui doyen de Barlin, donnait en 1906 la retraite préparatoire, et, sous la présidence de M. l'abbé Henri Bienfait, doyen d'Aubigny, le 22 juillet, dans une superbe procession, retraçait ici, en traits enflammés l'intimité des relations du Cœur de Jésus avec la France, notre chère Patrie.

Notre *Semaine Religieuse* ne dit rien des manifestations de 1907, 1908 et 1909, mais je puis me porter garant de l'édification qu'elles produisirent et des foules qu'elles attirèrent.

M. l'abbé J.-B. Mornave, comme M. Darras, l'un de mes chers anciens de la classe de seconde, n'était que 13 mois curé d'Hermaville, assez pourtant pour y voir arriver, fin juillet 1910, plus de 3.000 pèlerins et jouir avec eux de l'éloquence de M. l'abbé Abel Barbier, qui, en la circonstance, donnait des sermons magnifiquement apostoliques.

La mort de M. l'abbé J. B. Mornave laissait vacant le poste d'Hermaville. Parmi

(1) *Joan.*, XVI, 33.

les nombreux élèves de mon cours de morale, qui tous, j'en suis redevable au Cœur de Jésus, conservent pour leur ancien maître une vive affection, et une gratitude sans cesse et sous toutes les formes renouvelées,(1) venait avantageusement placé dans sa classe M. l'abbé Charles Poittevin, alors curé de Journy. J'osais le demander pour nous à Mgr Williez, et, à ma grande joie, ma requête était exaucée. Le nouveau pasteur nous arrivait avec une riche santé, un zèle ardent, et un beau talent de musicien. Nos cérémonies conservaient leur piété entraînante et leur éclat, mais elles y gagnaient en variété et en religieuses et savantes mélodies. A l'église, le curé faisait merveille sur son instrument. Le chœur de chant de la paroisse exécutait bientôt, et plusieurs fois avec un réel succès, les messes de Ziégler et de Battmann (2). En 1912, *la fanfare Saint-Martin* de Liévin nous arrivait avec 70 exécutants parfaitement exercés, et merveilleusement dirigés. *L'Harmonie Saint-Henri* d'Aubigny nous apportait en 1913 les plus beaux mor-

(1) Voir *Notes et Souvenirs*, page 53 .

(2) Déjà en 1911, la messe de Battmann était interprêtée avec une réelle *maestria* par le chœur de chant de la paroisse. Le pèlerinage était présidé cette année là par M. l'abbé L. Déjardin, doyen d'Aubigny.

ceaux de son répertoire, et son doyen, M. l'abbé E. Perret, était fier de nous l'amener. Et, pour faire un bond sur 13 années, en 1926, *la chorale et la symphonie Saint-Martin* d'Hénin-Liétard interprêtaient ici de façon magistrale, avec 70 exécutants encore, la messe en mi-bémol de Théodore Dubois, et, le soir, rendaient admirablement la cantate *O Jésu Christe* de Van Berchem (XVIe siècle) (1). Et voici qu'aujourd'hui, *la Fraternelle* de Savy-Berlette continue cette intéressante série de fanfares ou de musiques, et nous donne la note harmonieuse de cette mémorable journée.

Cependant la prédication, durant ces années, restait éminemment doctrinale et apostolique. Religieux et missionnaires s'inspiraient en effet des décrets de Pie X sur la communion fréquente et quotidienne, et la communion des petits enfants. N'était-ce pas le coup de grâce porté, ici du moins, au jansénisme, et les trésors du Cœur de Jésus tout grands ouverts, et répandus sur les âmes souvent hélas ! en si déplorable détresse de surnaturel et de divin.

Mgr. Lobbedey, qui voulait des épis et non

(1) M. le chanoine A. Dessenne était présent avec son dévoué vicaire, un artiste aussi, M. l'abbé A. Pieru.

des épines, *spicas, non spinas*, eût trouvé à glaner à Hermaville. On désirait vivement l'y voir le 19 avril 1912, en tournée de confirmation. Une indisposition privait la paroisse de cet honneur et de cette consolation. Mais l'illustre Evêque n'oubliait pas le Sacré-Cœur, et il terminait ainsi une lettre de condoléances adressée à M. l'abbé Poittevin le 24 mars 1915 : « *Que le Sacré-Cœur protège Hermaville ! Union de prières, cher curé, et bénédiction.* »

Le vœu et la prière du vaillant Evêque furent exaucés, et sa bénédiction fut féconde. En effet, le Sacré-Cœur devait se montrer magnanime pour ce village, pour cette région et pour la Patrie. Les supplications ne cessèrent point, et elles furent accompagnées des plus généreux sacrifices. Le 11 juin 1915, pour se conformer à la lettre pastorale de Mgr Lobbedey, parue dans la *Croix de Boulogne*, la fête du Sacré-Cœur était célébrée dans tout le diocèse, et à Hermaville avec une particulière ferveur, en union avec toutes les églises de France.

Pendant les années 1916, 1917 et 1918, au lieu de la cérémonie, rendue impossible par la présence et la circulation des troupes, des communions solennelles étaient préparées avec soin dans cette paroisse. Cependant M. Lefebvre était mort à Berck-Plage le 24 octobre 1914, presqu'au sortir de son confessionnal, victime de son dévouement pour les réfugiés. Son neveu, M. l'abbé Asset, s'y montrait d'une bonté inlassable pour tous. 25 de nos jeunes gens d'Hermaville et de Tilloy, dont mon parent et mon filleul Clébert Dégardin, président de notre Jeunesse catholique, tombaient glorieusement au champ d'honneur (1) M. l'abbé L. Derond était infirmier militaire, et, pendant de longs mois, confessait à Berck-Plage la population flamande qui s'y était réfugiée, et M. l'abbé J. B. Crametz passait toute la durée de la guerre dans les trains sanitaires. Mon frère, abandonné de son conseil municipal, était resté à son poste à Givenchy-en-Gohelle, avec 200 paroissiens, vieillards, femmes et enfants. Curé de la paroisse, maire de la commune pendant 2 mois terribles, sous l'occupation ennemie, aumônier des grands blessés allemands et français des combats de Lorette, soignés dans son église

(1) Clébert Dégardin était tué à Lombaertzyde le 9 mai 1915, c'est-à-dire le jour même de l'adoration d'Hermaville, prêchée cette année par Mgr Ruch, aujourd'hui évêque de Strasbourg, qui prononça un discours plein de flamme religieuse et patriotique à l'issue de la grand' messe. (Voir plus loin, *Notes et Souvenirs*, page 58, la liste des soldats d'Hermaville et de Tilloy, morts pour la France)

convertie en ambulance, il était bientôt envoyé comme prisonnier otage avec sa sœur à Douai. Et c'est là surtout qu'il implore le Cœur de Jésus pour la Patrie en danger (1). Il célèbre sa messe chaque jour, d'abord à Notre-Dame, puis en l'église Saint-Jacques, et pendant 2 ans, il assiste à 3.000 messes, et sa sœur à 2.000 pour la victoire de nos armées. Sa pensée est tellement à Hermaville que, quand le temps s'y prête, il oriente sa promenade vers le *Pont de l'Enfant Jésus*, et là, les yeux de sa sœur et les siens, passant au-dessus des monts de Vimy, plongent sur Hermaville et sa chère église. (2)

Benoît XV demande son rappel, et, arrivé à Thonon le 16 décembre 1916, il annonce sa délivrance par dépêche au bon Père Lefebvre, mort, comme je l'ai dit tout à l'heure, depuis plus de deux ans. A Paris, dans une conférence aux réfugiés d'Arras, sa sœur et

(1) Chargé de conférences religieuses à l'Ecole militaire d'enfants de troupe de Montreuil-sur-Mer pendant 20 ans, le curé de Givenchy-en-Gohelle s'était formé une âme très sensible aux humiliations et aux gloires de nos soldats.

(2) Le bois de la Folie ne devait être repris par la vaillante armée canadienne que le 9 avril 1917, et Givenchy-en-Gohelle ne devait être délivré que le 17 avril suivant.

lui posent comme d'instinct cette question : « *M.Hugues de Salignac Fénelon vit-il encore?* » On leur répond qu'il est tombé à Beauséjour le 17 février 1915. Les larmes qui coulent aussitôt de leurs yeux font répéter à plusieurs le mot de l'Evangile : « *Voyez comment ils l'aimaient* (1) », et c'est ici qu'ils avaient commencé à le connaître et à l'aimer !

Quelques mois se passaient, et le curé de Givenchy-en-Gohelle me dépêchait à Rome pour y porter au Pape Benoît XV, avec l'expression de sa vive reconnaissance, sa confiance raisonnée et invincible dans le triomphe de la France et de ses alliés. Le Souverain Pontife accueillait avec un réel et visible bonheur un merci venu de France, venu d'Arras, la cité martyre, venu d'Hermaville, notre petite patrie, pour laquelle je devais rapporter de Lui une bénédiction spéciale et solennelle : « *Ce n'est pas moi*, disait-il plein de joie, *ce n'est pas moi qui ai fait cela, c'est le Bon Dieu. — Oui*, ajoutais-je, *mais par vous, très Saint Père.* » Et il s'intéressait à la santé de mes chers rapatriés. Je lui parlais alors du magnifique courage des prêtres français de la ligne de feu, qui

(2) *Joan.*, XI, 36.

avaient suivi les avis de saint Augustin dans sa lettre de l'an 429 à Honoré, sur les devoirs des pasteurs aux jours pleins d'épouvante des invasions barbares. Benoît XV m'écoutait sans rien dire. En effet, il le savait, dans telle région du Nord de l'Italie, on avait observé un peu moins ponctuellement les règles tracées par l'illustre évêque d'Hippone(1). Il paraissait d'ailleurs plutôt inquiet et pas très rassuré sur notre victoire, et son secrétaire d'Etat partageait les mêmes perplexités. Pourtant, ces angoisses ne m'empêchaient pas, le IIIe dimanche de l'Avent 1917, après que toutes les cloches de Rome eurent célébré l'entrée des alliés à Jérusalem, et pendant que les Anglais, sous la présidence du cardinal Gasquet, rendaient dans la Ville éternelle de solennelles actions de grâces à Dieu, en la Basilique *Sainte Croix de Jérusalem*, de rappeler en notre église nationale de *Saint Louis des Français*, les croisades d'inspiration si catholique et si française, 4 sorties d'âmes éprises d'amour divin, Pierre l'Ermite, saint Bernard, saint Louis, et d'y trouver un motif de confiance pour nous. Et, en la fête de l'Epiphanie 1918, en l'anniversaire de la Bienheureuse Jeanne d'Arc,

(1) Voir *Notes et Souvenirs*, page 54.

je redisais le même chant d'espérance (1). N'avais-je pas, le matin, en la salle consistoriale, au Vatican, assisté à la lecture du décret *de tuto* concernant les deux miracles requis pour la canonisation de notre Bienheureuse Marguerite-Marie ? Voici le décret avec son ruban violet et ses franges d'or un peu passées, tel qu'il m'a été remis à Rome le 6 janvier. En ma visite d'adieu (2), Benoît XV m'avait dit : « *Quelle charité il va falloir pour rétablir votre ville d'Arras* ! »

Par conséquent, il ne semblait pas trop compter sur les justes réparations de l'Allemagne. Je lui avais fait remarquer modestement que les ennemis assiègeaient toujours notre chère cité. « *C'est vrai*, répliquait-il fort aimablement, *ils sont toujours là* ! » Oui, ils étaient toujours là, et ils nous le faisaient bien savoir en la sinistre nuit du

(1) Je donnais ce jour-là mon dernier sermon de la station de l'Avent que Mgr Boudinhon m'avait demandé de prêcher en notre église nationale, à mon arrivée à Rome, fin octobre 1917. Le Saint Père à qui j'avais parlé de cette prédication me rappelait qu'il avait entendu autrefois Mgr Mermillod à *Saint Louis des Français*, que cette station de l'Avent était moins suivie que la station du Carême, et sa Sainteté voulait bien bénir ma parole. Je devais avoir comme auditeur mon ancien et toujours cher professeur de droit canonique Mgr Pillet, avec qui je visitais à fond la Ville éternelle, et surtout les catacombes si connues de lui.

(2) Voir *Notes et Souvenirs*. page 56.

22 au 23 mai 1918. Le presbytère où M. le Curé et sa vénérable mère crurent périr, l'église et le château avec quelques maisons étaient pris sous un bombardement intense et terrible d'avions ennemis. Et pourtant, point de victimes humaines à déplorer, pas même d'immeubles trop sérieusement endommagés. La protection du Sacré-Cœur sur Hermaville continuait à être visible pendant toute la durée de la guerre. Mais il lui fallait payer tout de suite un premier tribut de reconnaissance. On le fit le 27 juillet 1919. L'ancien curé de Givenchy-en-Gohelle prêchait le triduum préparatoire. Le dimanche, il avait ici autour de lui 5.000 pèlerins pour l'entendre. S'inspirant d'une pensée de saint Hilaire, il montrait que la France de 1914 et de 1919 était une grande malade comme la Gaule du IVe siècle, et qu'elle avait surtout besoin d'un médecin divin. C'était au temps de saint Hilaire, non pas le Christ diminué d'Arius, mais le Verbe incarné, consubstantiel à son Père, Dieu de Dieu, vrai Dieu et vrai homme. Ce nous est aujourd'hui le cœur de ce même Verbe incarné, le Cœur de Jésus plein de grâce, de vérité, et de salutaires remèdes pour nos profondes et saignantes blessures. M. le Curé d'Hermaville, rempli d'un saint enthousiasme annonçait alors l'érection d'un

ex-voto, et déclarait la souscription ouverte.

Mais, comme toute cette région d'Aubigny et d'Arras, avait échappé à la ruine totale des villages situés dans la zone de feu, il convenait d'exprimer au Sacré-Cœur un merci plus solennel. Tout naturellement, on demandait à Monseigneur d'Arras de vouloir bien venir lui-même le dire avec nous à Hermaville. Sa Grandeur s'y prêtait avec sa bonne grâce habituelle, et, le dimanche 25 juillet 1920, elle se trouvait ici (1). Elle nous arrivait de Saint-Josse-sur-Mer où elle avait fait le matin la reconnaissance des reliques du Saint. J'avais la joie de la rencontrer, et je me souvenais tout naturellement qu'un peu plus de 2 mois auparavant, le 13 et le 16 mai, nous nous étions vus à Saint-Pierre de Rome, aux fêtes inoubliables de la canonisation de sainte Marguerite-Marie et de sainte Jeanne d'Arc. Et pour rester dans mon sujet, il me semblait contempler encore l'étendard de la voyante de Paray-le-Monial, représentant d'un côté son apothéose et de l'autre son extase devant le Sacré-Cœur, le jour de la grande apparition, et entendre le Souverain Pontife lire le décret inscrivant

(1) Mgr Julien était accompagné de M. le vicaire général Ch. Guillemant, et de M. le chanoine J. Delplanque, secrétaire général de l'Evêché.

Marguerite-Marie au catalogue des Saints. Le souvenir était bien dans son cadre en pareille cérémonie, et devant pareille foule. M. le chanoine Vitel, chevalier de la Légion d'honneur, prédicateur du triduum, de nos anciens l'un des plus glorieux, exaltait sur ce perron, lui, l'aumônier aux armées pendant toute la durée de la guerre, toutes les gloires militaires passées et présentes d'Hermaville, et commentait avec flamme, avec logique et des traits frappants le texte de saint Paul : « *Il faut qu'il règne* (1). » En même temps, il demandait des vocations sacerdotales.

Les hommages rendus à la royauté du Christ n'étaient pas une nouveauté pour Hermaville. Toutes nos fêtes depuis 50 ans, surtout quand un Evêque les préside comme aujourd'hui, ont été des solennités royales. Déja en 1877, le 15 juillet, dans une plantation de Calvaire dont le cortège partait du château, on félicitait le maire et son conseil municipal de *suivre religieusement l'image du Christ-Roi.* A diverses époques nos autres plantations ou restaurations de calvaires de la rue de *Lassus* et de *Jérusalem*, les dernières surtout, furent aussi des fêtes triomphales du Christ-Roi (2).

(1) I *Cor*, xv, 25.
(2) Voir *Semaine religieuse du* 15 *septembre* 1921.

M. Lefebvre, fondateur du Pèlerinage, s'inspirant de saint Jean et de Léon XIII dans sa lettre du 25 mai 1899, et de la formule de consécration du genre humain au Sacré-Cœur nous envoyait des cartes postales avec le Sacré-Cœur orné des emblèmes de la royauté et surmonté de ces mots : « *Rex sum ego*(1).» L'idée a été reprise plusieurs fois depuis 1878, et je l'ai rappelé. M. l'Abbé Delecroix, doyen d'Aubigny, intrépide, depuis son arrivée parmi nous, pour présider notre cérémonie, terminait son merci de 1922 par le mot de l'affiche convoquant au Pèlerinage : *Il faut qu'il règne*! Et en 1924, il bénissait l'ex-voto annoncé en 1919, et c'était *la statue du Sacré-Cœur, Roi des familles.* L'an dernier, nous avions quelque chose de plus magistral encore. M. le chanoine Chappe, professeur au Grand Séminaire, chevalier de la Légion d'honneur, s'inspirant de l'Encyclique de Pie XI, parlait éloquemment ici de l'autorité toute d'amour du Christ-Roi (2).

Et qu'il m'est agréable, Monseigneur, de louer devant vous, originaire de Normandie,

(1) *Joan.*, XVIII, 37.

(2) Citons les prédicateurs bien méritants aussi des précédentes années : R. P. R. Desmet S. J. (1921) ; R. P. Dierman, Rédemptoriste (1922) ; R. P. Steverlynck S. J. (1923) ; l'abbé L. Decludt, missionnaire apostolique (1924); R. P. Lecroix, missionnaire (1925) ; R. P. Trentesaux, Rédemptoriste (1926) .

un maître et un Saint que Marguerite-Marie a éclipsé momentanément, et dont on parle en ce lieu pour la première fois, saint Jean Eudes, le disciple du cardinal de Bérulle et du Père de Condren, l'auteur du bel ouvrage *La Vie et le Royaume de Jésus dans les âmes chrétiennes*, le docteur, le liturgiste et le propagateur de la dévotion aux Saints Cœurs de Jésus et de Marie, le missionnaire vraiment prestigieux que M. Olier appelait : « *la rareté de son siècle* », et qui arrachait à Bossuet lui-même ce cri d'admiration : « *C'est ainsi que nous devrions prêcher* ! » Je l'ai entendu exalter au Bon Pasteur d'Arras une première fois en 1909, par le neveu de M. l'abbé Blondel, ancien curé d'Hermaville, M. le chanoine E. Occre, alors doyen de Lens, une deuxième fois devant vous, Monseigneur, par un ami et un admirateur du Père Lefebvre, mon collègue du chapître cathédral, notre célèbrant de la messe du cinquantenaire, M. le chanoine J. Monet, au Bon Pasteur d'Arras encore, les 18, 19 et 20 octobre 1925, et avec quelle belle concepfion, et quelle maîtrise du sujet ! Il me plairait de résumer seulement à mon tour ce qu'en ont écrit Léon XIII, Pie X et Pie XI, et, à la lumière de leurs enseignements, de montrer comment *le rude Saint*, comme on l'a appelé, a compris et prêché la divine royauté de Jésus et de son Sacré-Cœur (1)

Mais il faut me hâter, et dire que cette année, sur votre haut patronage, nous sommes venus à Hermaville, nous, les disciples du Père Lefebvre et les grands protégés du Cœur de Jésus, chanter les dons de l'amour du Christ-Roi, M. le curé de Conchy-sur-Canche, son eucharistie, M. le curé de Saint-Hilaire de Frévent, son sang précieux et sa douloureuse passion, M. le curé de Fortel, le cœur de sa très sainte Mère, moi, sa doctrine et ses enseignements divins depuis 50 ans, et nous nous sommes associé un cher disciple, le Révérend Père Herbette, Camillien, originaire d'Arras, qui a entendu les confessions pendant le triduum, et a prêché ce matin sur l'expiation et la réparation, selon la doctrine et l'esprit de l'Encyclique de Pie XI, *Miserentissimus Redemptor* du 8 mai dernier, élevant la fête du Sacré-Cœur au rite double de première classe avec octave, et ordonnant un *acte de réparation au Sacré-Cœur de Jésus.*

(1) Jean Eudes a été béatifié par Pie X le 25 Avril 1909 et canonisé par Pie XI le 31 mai 1925. Par un décret de la Sacrée Congrégation des Rites, sa fête vient d'être fixée au 19 août, et étendue à l'Eglise universelle.

Ajoutons ceci encore : nous, les six prêtres de la petite école presbytérale d'Hermaville, car pour cela M. l'abbé Asset reste nôtre, nous rendons grâce au Cœur de Jésus de nous avoir permis de fournir 209 ans de ministère, soit dans l'enseignement, soit dans la charge pastorale. Nous y sommes, mon frère et moi pour 84 ans bientôt. Pourquoi faut-il que M. le curé de Notre-Dame des Sables, dont la jeunesse cléricale s'est passée si pieusement, si agréablement, et si utilement à Hermaville, ne puisse plus ajouter ses années aux nôtres, ni célébrer le jubilé triomphal qu'on lui préparait là-bas ? Comme son oncle vénéré, il est tombé, lui aussi au champ d'honneur du dévouement sacerdotal, et il laisse dans les âmes de ses ouailles, un reconnaissant et impérissable souvenir. Il repose en son église de la Plage, heureusement achevée, bénite par vous, Monseigneur, dans le chœur de ses si chers malades, tout proche des statues de Notre-Seigneur révélant son amour en termes bien connus, et de sainte Marguerite-Marie à genoux devant Lui, presque en face de l'Ange en bois sculpté de la Résurrection, que lui et moi nous bénissions ensemble l'an dernier, et plaçions sur son piédestal (1). Ah ! sortez de votre tombeau ci-tout prés, à l'ombre du clocher, bon Père Lefebvre, Maître bien-aimé, ou plutôt tressaillez y d'allégresse (2). Vos vœux sont exaucés. Vous n'êtes pas mort tout entier. Sont ici pour le proclamer nos deux belles églises, vos disciples et leurs si chers élèves, votre digne successeur et cette magnifique cérémonie annuelle. Je le répète, que le Cœur de Jésus en soit à jamais remercié et béni !

Madame la maréchale Randon écrit, en évoquant l'époque de son mariage avec celui qui était alors le général Randon : « Je n'avais pas de relations à Paris ; j'en avais très peu en province. Ma mère, veuve depuis longtemps, vivait seule avec moi dans un grand château Louis XV, situé au milieu des bois. Cette bonne vieille demeure n'a ni créneau,

(1) L'éloge funèbre prononcé par M. le chanoine J.F. Bailliet, archiprêtre de Montreuil, les discours de M. le Docteur Fouchet, Président de l'Union Paroissiale de Berck, et de M. Malingre, Maire de Berck, conseiller général, ont rendu dans la perfection la physionomie morale du cher Défunt, et exprimé le deuil profond et unanime, causé par son trépas, aussi prompt qu'inattendu. M. l'abbé Asset devait ouvrir lui-même le jeudi notre triduum du cinquantenaire On a retrouvé dans ses papiers un sonnet composé par lui pour la circonstance Nous le reproduisons plus loin. Voir *Notes et Souvenirs*, page 57.

(2) Voir *Notes et Souvenirs* page 61.

ni machicoulis, mais un modeste colombier désert de par les immortels principesde 89(1). » Ce grand château Louis XV, situé au milieu des bois, bien conservé, bien entretenu, bien habité, c'est celui que nous voyons, et quelle longue et vive reconnaissance nous lui devons! Saluons d'abord ceux que nous y avons connus depuis notre petite enfance, le maréchal comte Randon encore protestant, qui assistait pieusement à la messe le dimanche en notre église, à côté de son épouse,Madame la maréchale comtesse Randon, qui repose ici tout près avec son père et sa mère, dans la chapelle funéraire du château (2). Nommons ensuite M. le général vicomte de Salignac Fénelon, commandant le 17e corps d'armée à Toulouse, que le maréchal Randon, appelait « *Fénelon mon Fils,* » qui repose également ici avec sa femme très aimée à Hermaville, Madame la vicomtesse de Salignac Fénelon, née Randon.Rappelons comme plus voisins de nous les enfants de ceux-ci,

(1) *La Conversion d'un Maréchal de France*, page 25.

(2) La porte *Baudimont* sous laquelle on passe pour se rendre d'Arras à Hermaville s'est appelée, sous l'empire, porte *Randon*, du nom du Maréchal, ministre de la guerre et châtelain d'Hermaville, qui l'avait fait ériger. Plus tard, avec le changement de régime, elle reprit son ancien nom. *Sic transit gloria mundi !*

François et Marie de Salignac Fénelon dont j'ai déjà parlé, et surtout le baron et la baronne Henri de Salignac Fénelon et leurs chers enfants qui nous ont si souvent accueillis avec grâce, distinction, et bonté. Mon frère a fait couler des larmes sur Madame la baronne décédée à Paris le 10 avril 1918, en l'unissant ici-même dans ses regrets au jeune héros, son fils. Monsieur le baron, rappelé à Dieu le 30 juin 1922 a été justement et bien loué et recommandé à l'église d'Hermaville par M. le doyen d'Aubigny au pèlerinage suivant. Cependant, en 1920, vous remerciiez, Monseigneur, comme vous le savez faire, l'honorable famille dont je viens de parler, qui avait donné l'hospitalité à la procession pendant plus de 40 années,et vous manifestiez votre espoir que les nouveaux châtelains voudraient continuer ces belles traditions. Cet espoir a été réalisé avec une complaisance, une générosité, une magnificence au delà de tout éloge par Monsieur et Madame André Saint-Léger, et quelle gratitude ne leur devons-nous pas pour ces huit dernières années ! Je le sais, le Cœur de Jésus a protégé visiblement l'an dernier un membre de leur famille. Il continuera, j'en suis sûr, de les récompenser même ici-bas.

Cependant, gloire à ce divin Cœur, les délices de tous les saints, et particulièrement de nos chers saints de France, sainte Marguerite-Marie, saint Jean Eudes ! Gloire aux Souverains Pontifes qui nous l'ont fait mieux connaître et par là même plus aimer ! Gloire aux Évêques d'Arras qui sont venus rehausser notre pèlerinage de leur auguste présence, ou nous ont envoyé leurs encouragements et leurs vœux ! Honneur aux Vicaires Généraux, à l'Archiprêtre de Montreuil, au Doyen d'Avesnes-le-Comte, aux Doyens d'Aubigny depuis 50 ans, qui ont présidé cette grande manifestation. J'ai eu le bonheur de le faire pour la troisième fois le 27 juillet 1913 ! Merci aux zélés prédicateurs, religieux ou missionnaires, qui sont venus répandre sur la foule des pèlerins la doctrine sortie du Cœur de Jésus. Bénédictions abondantes aux curés des alentours, et aux fidèles eux-mêmes de ces 50 années, et à leurs familles ! Et qu'il me soit permis, Monseigneur, en terminant d'élargir considérablement l'esquif de votre blason, d'y placer avec la statue du Sacré-Cœur, vous-même, vos chers vicaires généraux M. Hoguet et M. Maréchal, tous mes auditeurs, et, puisque maintenant les nacelles voguent dans la plaine des airs aussi bien que sur les flots, de souhaiter bon vent, bonne ascension à votre nef ainsi chargée vers le Cœur de Jésus, là-haut. Bénissez, Monseigneur, cette conception de mon esprit et de mon cœur, et, avec moi, veuillez lui dire : « *A Dieu, va* ! »

NOTES & SOUVENIRS

L'EGLISE DE TILLOY-LEZ-HERMAVILLE

Ce sanctuaire que Mgr. Lequette a consacré le 29 du mois de juillet dernier est de style gothique, construit en pierre blanche du pays. La voûte d'une belle élévation, est aussi en pierre blanche.

Cette église n'a qu'une seule nef, mais elle est assez spacieuse pour la petite population de la paroisse.

Un transept sépare cette nef du chœur; ses deux bras peu saillants contiennent cependant deux autels latéraux de bon goût, et sont éclairés chacun par une rosace ornée de vitraux.

Le chœur a quatre fenêtres, également ornées de verrières, dont les sujets sont heureusement choisis.

La polychromie des autels est bien nuancée. L'autel principal surtout est d'une grande élégance.

Cette église, sans s'appeler un monument, est une œuvre très digne de sa destination, et surtout fort utile aux habitants du village.

Annuaire du diocèse d'Arras pour l'année 1879, *par M. l'Abbé Robitaille, doyen du chapitre de la Cathédrale d'Arras, missionnaire apostolique. Année* 1879, (16e *année*).

L'APOSTOLAT DANS LES MAISONS D'EDUCATION

« Mon Révérend Père, — nous écrit le Président de la Commission des Ecoles (Conseil central des jeunes zélateurs), — l'Apostolat triomphe au Petit Séminaire d'Arras : le dévouement de quelques zélateurs a réussi à y organiser une fervente milice de jeunes apôtres, heureux exemple pour tant de maisons d'éducation chrétienne, de séminaires surtout, où il importerait de former de bonne heure l'âme du futur prêtre à l'école si douce et si forte du Cœur de Jésus-Christ. Puissent les lignes qui suivent inspirer à un grand nombre la pensée d'introduire, comme élément de *piété* quotidienne et d'*éducation sacerdotale* dans des petits et grands séminaires, la dévotion éminemment apostolique et féconde pour les œuvres de salut, le culte fervent du Cœur de Jésus à la fois prêtre et victime, principe, moyen et fin de la vie du prêtre, centre de toute vie de charité, de zèle et d'immolation. *Fiat* ! *Fiat* !... »

Voici les paroles d'un des zélateurs du Petit Séminaire d'Arras :

« Laissez-moi vous dire quelques mots de notre cher Petit Séminaire d'Arras. L'œuvre de l'Apostolat de la Prière y est maintenant, et depuis longtemps, complètement organisée. Nous avons aujourd'hui, en moyenne, à peu près 80 communions réparatrices tous les dimanches. Les *Messagers du Cœur de Jésus* et *du Cœur de Marie* sont lus par tous les élèves, qui se les passent, à tour de rôle, pendant le mois. Nous sommes vingt-deux zélateurs, et nous avons, de temps en temps, une réunion du Conseil. Ces réunions de zèlateurs de l'Apostolat de la Prière ont surtout pour but d'empêcher de s'attiédir le feu sacré du zèle, et d'activer ce feu divin en chacun des zélateurs. Eux, de leur côté, s'efforcent sinon de répandre, au moins d'exciter « *de bono ad melius* », dans leur quinzaine respective, la dévotion des associés envers le Cœur très saint de Jésus. En un mot, les pratiques de l'Apostolat de la Prière sont religieusement observées au Petit Séminaire. Le Sacré-Cœur me dédommage, outre mesure, du peu de temps que je dois passer dans l'exercice de mes devoirs de zélateur. »

« *Un rhéloricien* ».

(*Messager du Cœur de Jésus,* juin 1878, page 683-685)

Quand cette communication parut dans le Messager, Monsieur Labouré m'appelait à sa chambre et me faisait remarquer que le mot « *triomphe* » du Président de la Commission des écoles n'était pas le mot propre. L'Œuvre n'avait en effet rencontré aucune opposition au Petit Séminaire d'Arras. Je m'excusais, sans en être d'ailleurs responsable, d'un texte qui ne venait pas de moi, et M. le Supérieur, content du reste, me renvoyait à l'étude. Le cabinet actuel de M. Pollart me rappelle cette scène d'il y a 50 ans, et j'unis ici d'autant plus volontiers le cher M. le vicaire général à son illustre prédécesseur qu'il eût voulu être avec nous à Hermaville le 22 juillet 1928. E. L.

MADEMOISELLE MARIE DE SALIGNAC FENELON

Mademoiselle Marie de Salignac Fénelon faisait solennellement sa première communion dans l'église d'Hermaville le 18 mai 1871, sous le règne de M. l'abbé F. Blondel, mort curé d'Enguinegatte le 28 octobre 1913. A la cérémonie du soir, en sa qualité de première des jeunes filles, elle récitait la consécration à la Sainte Vierge.

L'auteur de ces lignes s'en souvient d'autant plus volontiers qu'en cette même qualité de premier des garçons, il récitait par cœur un long renouvellement des promesses du baptême, tiré d'un vieux catéchisme. Mademoiselle Marie était confirmée avec les enfants d'Hermaville le 24 mai suivant, à Izel-lez-Hameau, par Mgr Lequette. Angèle Debret participait, elle aussi, à cette double cérémonie de communion solennelle et de confirmation. La famille de Salignac Fénelon était en très grandes relations avec M. Lefebvre, curé d'Hermaville depuis 11 ans. Le 13 octobre 1883, dans la chapelle des religieuses de l'Assomption à Auteuil, Mademoiselle Marie recevait le voile des mains du cardinal Desprez, un grand ami de son père, décédé à Toulouse le 16 décembre 1878. Le sermon était donné par l'abbé Lémann, juif converti.

Elle avait 23 ans. Le 27 mai 1887, elle faisait profession toujours au même endroit, sous les yeux de sa mère, de sa grand'mère, la maréchale comtesse Randon, et de la plupart des membres de sa famille. Mgr. d'Hulst, prononçait une touchante allocution.

Extrait de l'ASSOCIATION DES ANCIENS ELÈVES du Petit Séminaire d'Arras

à propos du toast prononcé par M. le chanoine Edouard Legru au dîner du 6 juillet 1927.

M. le Chanoine Legru — lui-même va nous le dire — , ne refuse jamais le concours de sa persuasive éloquence. En la circonstance, il n'est pas téméraire d'affirmer que le toast de l'éminent chanoine fut comme le bouquet de la fête. Aussi bien, des hourras frénétiques l'avaient salué, avant même qu'il se fût mis à parler.

Avec sa bonhomie habituelle, M. le Chanoine commence par évoquer *de chers et doux souvenirs.* En 1884, il quitte l'*Alma Mater* pour venir au Petit Séminaire d'Arras, comme professeur de seconde. Puis après un stage au collège de Marcq, il est nommé professeur de théologie morale au Grand Séminaire : il y retrouve ses anciens élèves, les mêmes qui viennent l'applaudir aujourd'hui. *Quelles longues et substantielles consolations* !

D'ailleurs, l'ancien professeur ne perd pas de vue, lui non plus, ceux qu'il a autrefois *nourris de sa pensée.* Il accepte toujours, avec un charitable empressement, de présider l'une ou l'autre de leurs cérémonies : car le soir de retour à Arras, en dépit d'inévitables fatigues, *il se sent plus content et plus allègre que jamais.* C'est que ses chers élèves d'autrefois lui gardent et lui témoignent toujours un profond attachement. *Je suis certain*, s'écrie l'orateur, *que quand je mourrai, mes anciens me regretteront* !

Mais tout porte à croire qu'il ne mourra pas de sitôt. *J'espère vivre encore dans sept ans*, déclare t-il en terminant, *pour mes noces d'or* ! Deux cents voix lui répondent : *Nous y viendrons, nous y viendrons* !

En vérité, M. le chanoine Legru peut bien être *fier d'avoir contribué à la formation de tels élèves* !

Eux, de leur côté, le seront à jamais d'avoir été les élèves d'un tel maître. »

Sit laus divino cordi, per quod nobis parta salus : ipsi gloria et honor in sæcula. Amen.(1)

LA FIERTÉ D'ÊTRE FRANÇAIS

Le croirait-on ? J'éprouvais vivement la fierté d'être français, quand j'étais présenté à Benoît XV par Mgr. de Liobet, le 9 novembre 1917. Nous étions après Caporetto, les Italiens venaient de subir un épouvantable échec: 250.000 prisonniers ; autant de fuyards ! 3 kilomètres de voitures chargées de vivres et de munitions et le trésor de l'armée tombés entre les mains de l'ennemi ! J'avais toujours dans l'oreille le communiqué de Cadorna du 23 octobre : « Sous l'impétuosité du choc, mais plus encore à cause de l'ignoble

(1) *Leo P. P. XIII, maii* 1899.

trahison de quelques parties de la seconde armée, et en particulier des brigades *Roma*, *Foggia*, *Pesaro* et *Elba*, l'ennemi a pu pénétrer sur le sol sacré de la Patrie. Que Dieu et la Patrie les maudissent ! Que soient vouées au mépris éternel du monde entier les brigades *Lazio* et *Arno*, qui ont ignominieusement et volontairement livré les armes, qui leur avaient été confiées pour la sauvegarde de la Patrie ! *Cadorna* » D'autre part, je me voyais encore, le 29 de ce même mois d'octobre, sortant du tunnel du Mont Cenis, dinant dans le wagon-restaurant, sous un soleil radieux, ayant près de moi le général Foch, et deux généraux ou officiers supérieurs de l'armée britannique. Ils amenaient 120.000 hommes de troupes. Notre grand général français s'entretenait avec Mgr Lapérine de Hautpoul, qui se trouvait là aussi, et lui disait : « La situation est grave, mais nous espérons rétablir le front. Les Français sont derrière nous, qui entrent en Italie. » Cette espérance était bien vite une réalité, et, si j'étais fier de nos prêtres au Vatican, je ne l'étais pas moins de nos soldats. Je conservais ce sentiment jusqu'à la fin de la guerre, et après. Il s'accroissait les 9, 13 et 16 mai 1920, quand j'assistais à la béatification de Louise de Marillac et aux canonisations de Marguerite-Marie et de Jeanne d'Arc, et j'en faisais le thème de mon allocution, quand, pour faire plaisir à mon excellent disciple et ami, M. le chanoine J. Lecocq, je présidais le 19 juillet suivant les Prix à l'Institution Saint-Joseph d'Arras.

MA SECONDE AUDIENCE DU SAINT-PERE

La seconde audience du Saint-Père, qui m'avait été accordée en qualité de prédicateur de la station de l'Avent à *Saint-Louis des Français*, avait eu lieu le 4 janvier 1918. Sur le conseil de mon frère, M. le curé de Givenchy-en-Gohelle, chargé à son tour de l'*intérim* de Conchy-sur-Canche, j'avais sollicité du Souverain Pontife, l'insigne faveur de donner trois bénédictions solennelles, en son nom, à mon retour en France. J'avais indiqué, comme devant en profiter, Conchy-sur-Canche où j'avais fait du ministère pendant les deux premières années de la guerre, Hermaville, mon pays d'origine, et Capelle-Fermont, lieu de la sépulture de ma famille. Benoît XV me répondait que je pouvais, avec l'assentiment de l'Ordinaire, donner ces bénédictions en trois localités à mon choix. Il m'avait rappelé, en même temps qu'une indulgence plénière était attachée à chacune d'elles pour les personnes qui se seraient confessées, et auraient fait la sainte communion à cette occasion. Ces trois bénédictions étaient données par moi, la première à Conchy-sur-Canche, le 31 mai 1918, en la fête de Pâques, la deuxième à Hermaville, le dimanche de Quasimodo, 7 avril (Voir *Registre de la Paroisse* à cette date), et la troisième à Capelle-Fermont, le deuxième dimanche après Pâques. Les pieux fidèles de ces trois paroisses s'y préparaient par l'assistance à des prédications et par la réception des Sacrements.

SONNET
DE M. L'ABBÉ J.-B. ASSET

Cinquante ans, déjà, sont passés depuis le jour
Où, dans le bruit des chants mêlés à la prière,
Flotta du Sacré-Cœur la première bannière
Qui groupait Hermaville et les lieux d'alentour !

Que nos concerts pieux, vers le ciel, tour à tour
S'élèvent pour fêter l'heureux anniversaire
Qui fait que, désormais, notre beau sanctuaire
Du Dieu d'amour devient l'officiel séjour !

Avec bonheur la foule y vient prier nombreuse
Et se plaît d'autre part à proclamer, joyeuse,
Les multiples bienfaits du Maître Souverain

Dont le bon serviteur, de zèle grand exemple,
A voulu reposer à la porte du temple
Comme pour accueillir encor le pèlerin !

DIEU & PATRIE

SONT MORTS POUR LA FRANCE :

D'HERMAVILLE

1. — Nicolas GAGNIART, Vitry-le-François, Marne, 17 septembre 1914;
2. — Elie GARNIER, Tracy-le-Val, Oise, 8 décembre 1914;
3. — Honoré BRUCHET, Nieuport, Belgique, 16 décembre 1914;
4. — Lieutenant Hugues De SALIGNAC FÉNELON, Beauséjour, Marne, 17 février 1915;
5. — Jules BELVAL, région du Fortin, 18 mars 1915;
6. — Léon LEFEBVRE, maréchal des logis, ambulance de Saint-Pol-sur-Ternoise, 26 mars 1915;
7. — César POUCHAIN, bois d'Ailly, près de Léronville, Meurthe-et-Moselle, 25 avril 1915;
8. — Clébert DEGARDIN, Lombaertzyde, Belgique, 9 mai 1915;
9. — Augustin CAGNIART, aux Eparges, tranchée de Calonne, Meuse, 24 juin 1915;
10. — Louis LEGAY, Beau-Marais, Aisne, 21 août 1915;

11. — Louis JEANNETON, hôpital de Châtelguyon, Puy-de-Dôme, 4 septembre 1915, suite de blessures mortelles reçues le 28 août;

12. — Samuel LEGAY, Cormicy, près de Reims, 20 septembre 1915;

13. — Adolphe LESOING, caporal, château de Deniécourt, bataille de la Somme, 31 août 1916;

14. — Alfred DUPUICH, bataille de la Somme, Rouvroy, 5 septembre 1916;

15. — Alfred CAGNIART, ambulance de Landrecourt, Meuse, 5 février 1917, suite de glorieuses blessures reçues devant Verdun;

16. — Gabriel GATTEAU, Bœsingue, Belgique, 31 juillet 1917;

17. — Charles LEGRAND, caporal, ambulance de Saint-Pol-sur-Ternoise, 1er septembre 1917;

18. — Joseph LADANT, dans un bois, en face de Noyon, Oise, 12 septembre 1918;

19. — Victor MEQUIGNON, hôpital de Salonique, 14 octobre 1918;

DE TILLOY

1. — Louis DELEURY, Pontavert, Marne, 30 septembre 1914;

2. — Sous-lieutenant Fernand DENEUVILLE, région de Mesnil-lez-Hurlus, Champagne 20 octobre 1915;

3. — Fernand DENUNCQ, région de Soissons, 3 avril 1917;

4. — Jules PRUVOST, région de Soissons, 5 mai 1917;

5. — Augustin QUARRE, caporal, instituteur, disparu aux combats de Champagne, secteur de Bligny, Marne, 6 juin 1918;

6. — Arthur CHRETIEN, ambulance de Zuydcoote, Flandre, 10 juin 1918, suite de gaz asphyxiants, reçus dans la bataille des Flandres.

Miséricordieux Jésus, donnez-leur le repos éternel.

(7 ans, 7 quar.)

INSCRIPTION

gravée sur

le Monument de M. l'Abbé LEFEBVRE

Elevé au pied du clocher de l'Eglise d'Hermaville

Ici repose M. l'Abbé Modeste LEFEBVRE

Né à Fresnes-lez-Montauban, le 4 Décembre 1838

Missionnaire en Chine

Curé d'Hermaville et de Tilloy pendant 31 ans

(1872-1903)

Missionnaire Apostolique

Retiré à Berck-Plage, y décédé le 24 Octobre 1914

Au prédicateur infatigable, au pèlerin de Rome, de Jérusalem, de Paray-le-Monial et de Lourdes, au pasteur brûlant du zèle des âmes, qui a fait restaurer et consacrer ses deux églises, et a institué le pèlerinage du Sacré-Cœur, ses six élèves prêtres et ses paroissiens reconnaissants.

R. I. P.

ARRAS (France)

www.ingramcontent.com/pod-product-compliance
Ingram Content Group UK Ltd.
Pitfield, Milton Keynes, MK11 3LW, UK
UKHW022123170726
13837UKWH00003B/1330

9 782329 199160